VENTE
PAR SUITE DE DÉPART DE M. X···

DE

TABLEAUX ANCIENS
et Modernes

par ou attribués à

VAN BERGEN — DAVID — DROLLING — GREUZE
VAN LOO — C. MARRATTA — MIGNARD — MONNOYER
V.-D. NEER — PARROCEL — PERRONEAU
LE PRINCE — PRUD'HON — RIBERA — RUBENS
BARRIAS — H. BELLANGÉ — COROT
J. DUPRÉ — TROUILLEBERT. ETC.

Dont la vente aura lieu

HOTEL DROUOT, SALLE N° 7
Le Jeudi 8 Février 1900

A TROIS HEURES

~~~~~~~~~~~~

PAR LE MINISTÈRE DE

M. Louis GARNAUD, Commissaire-Priseur.

6, RUE RIBOUTÉ, 6

ASSISTÉ DE

M. Georges MEUSNIER, Expert auprès des Tribunaux.

27-22, RUE SAINT-AUGUSTIN, 27-22

~~~~~~~~~~~~

EXPOSITION PUBLIQUE
Le Mercredi 7 Février 1900

DE 2 HEURES A 5 HEURES 1/2

CONDITION DE LA VENTE

La vente a lieu par suite de départ.

Elle sera faite au comptant.

Les acquéreurs paieront 5 o/o en sus des prix d'adjudication.

L'exposition mettant le public à même de se rendre compte de l'état et de la nature des tableaux et dessins compris dans ce catalogue, aucune réclamation ne sera admise une fois l'adjudication prononcée.

DÉSIGNATION

TABLEAUX ANCIENS

VAN BERGEN (T.)

1 — *Le Passage de la Mer Rouge.*

Haut., 0^m73 ; larg., 1^m44.

DAVID (Attribué à L.)

2 — *L'Impératrice Catherine.*

Haut., 1^m55 ; arg.. 1^m45.

DROLLING

3 — *Portrait de jeune garçon.*

Haut., 0^m46 ; larg., 0^m41.

Cadre bois sculpté ancien.

ÉCOLE ALLEMANDE

4 — *Portrait de femme.*

Haut., 1m22 ; larg., 0m95.
Cadre bois sculpté ancien.

ÉCOLE ESPAGNOLE

5 — *Sainte Catherine.*

Haut., 0m88 ; larg., 0m63.
Cadre bois sculpté ancien.

ÉCOLE FLAMANDE

6 — *L'Avare quittant la terre.*

Haut., 0m43 ; larg., 0m28.

ÉCOLE FRANÇAISE DU XVIIe SIÈCLE

7 — *Paysage.*

Haut., 0m90 ; larg., 1m09.

ÉCOLE FRANÇAISE DU XVIIIe SIÈCLE

8 — *Mademoiselle de Charolois.*

Haut., 0m87 ; larg., 0m65.
Cadre bois sculpté ancien.

ÉCOLE FRANÇAISE DU XVIIIe SIÈCLE

9 — *L'Abbesse de Chelles.*

Haut., 0m96 ; larg., 0m95.
Cadre bois sculpté ancien.

ÉCOLE ITALIENNE

10 — *Portrait d'un guerrier.*

Haut., 0^m54 ; larg., 0^m46.

GREUZE (Attribué à J.-B.)

11 — *Portrait du chancelier de Maupeou.*

Haut., 0^m54 ; larg., 0^m45.

VAN LOO (J.-B.)

12 — *Daphné métamorphosée en laurier.*

Haut., 1^m55 ; larg., 1^m23.

VAN LOO

13 — *Portrait d'Aurore de Kœnigsmark.*

Haut., 0^m68 ; larg., 0^m58.

Cadre bois sculpté ancien.

CARLO MARATTA

14 — *Sainte Famille.*

Haut., 0^m58 ; larg., 0^m48.

Cadre bois sculpté ancien.

MIGNARD (Nicolas)

15 — *Amour endormi.*

Haut., 0^m60 ; larg., 0^m75.

Cadre bois sculpté ancien.

MIGNARD (Attribué à P.)

16 — *Portrait de jeune femme.*

Haut., 0^m88 ; larg., 0^m71.

MONNOYER (Attribué à B.)

17 — *Fleurs.*

Haut., 0^m92 ; larg., 0^m67.

VAN DER NEER (Attribué à A.)

18 — *Vue de Hollande, clair de lune.*

Haut., 0^m40 ; larg., 0^m57.

PARROCEL

19 — *Josué arrêtant le soleil.*

Haut., 0^m84 ; larg., 2^m10.

Cadre bois sculpté ancien.

PERRONEAU (Attribué à J.-B.)

20 — *Portrait d'homme.*

Pastel.

Haut., 0^m75 ; larg., 0^m62.

Cadre bois sculpté ancien.

LE PRINCE (Attribué à)

21 — *Paysage animé.*

Haut., 0^m65 ; larg., 0^m50.

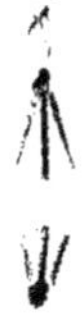

PRUD'HON (Attribué à)

22 — *Portrait de Mademoiselle Mayer.*

Haut., 1 mètre; larg., 0m75.

RIBÉRA (J.)

23 — *Loth et ses filles.*

Haut., 1m82; larg., 1m80.
Cadre bois sculpté ancien.

REMBRANDT (Ecole de)

24 — *Portrait du Maître.*

Haut., 0m52; larg., 0m42.
Cadre bois sculpté ancien.

RUBENS (Attribué à P.-P.)

25 — *La Madeleine repentante. (Allégorie.)*

Elle est représentée sous les traits d'une femme
éplorée, défaillante, vêtue d'un riche costume
d'époque Louis XIV.

Haut., 1m80; larg., 1m30.

RUBENS (École de)

26 — *L'Avare quittant la terre.*

Haut., 0m43; larg., 0m28.

M. SAUVAGE (Tournay 1744-1818)

27-30 — *Quatre panneaux décoratifs formés de
groupes d'enfants.*

Grisailles.

Haut. 1m05; larg.1m28

TABLEAUX MODERNES

BARRIAS (F.)

31 — *Le Triomphe de Clytemnestre.*

Haut., 0^m93 ; larg., 0^m75.

BELLANGÉ (HIPPOLYTE)

32 — *Retour de l'Ile d'Elbe.*

Haut., 0^m96 ; larg., 1^m42.

Signé et daté 1834.

COROT (Attribué à C.)

33 — *Vue d'Italie.*

Haut., 0^m32 ; larg., 0^m43.

DELACROIX (Attribué à EUG.)

34 — *La Esméralda.*

Haut., 0^m33 ; larg., 0^m42.

DUPRÉ (Attribué à JULES)

35 — *Paysage.*

Haut., 0^m41 : larg., 0^m63.

ÉCOLE ANGLAISE

36 — *Paysage.*

> Haut., 0m35 ; larg.. 0m49.

ÉCOLE FRANÇAISE DE 1830

37 — *Paysage.*

> Haut., 0m16 ; larg. 0m24.

ÉCOLE FRANÇAISE DE 1830

38 — **Paysage.** *Coucher de soleil.*

> Haut., 0m15 ; larg., 0m26.

HUET (Attribué à Paul)

39 — *Paysage.*

> Haut., 0m28 ; larg., 0m56.

LEBAS (Hipp.)

40 — *Coucher de Soleil,* Marine.

PAVY (Ph).

41 — *La Halte à Biskra.*

> Haut., 0m27 ; larg., 0m41.

TROUILLEBERT

42 — *La Pêcheuse.*

> Haut., 1m40 ; larg., 0m95.

DESSINS

DECAMPS

— *Paysage*.

Haut., 0^m25 ; larg., 0^m30.

ROUSSEAU (Th.)

44 — Étude. *Un Coin de ferme.*

Haut., 0^m17 ; larg., 0^m23.

45 — *Étude en Normandie.*

Haut., 0^m28 ; larg., 0^m25.

46 — *Étude en Normandie.*

Haut., 0^m12 ; larg., 0^m42.

47 — *Étude en Normandie.*

Haut., 0^m26 ; larg., 0^m43.